INTRODUCTION TO COMPARATIVE HAPPINESS THEORY

「比較幸福学」入門

知的生活という名の幸福

Ryuho Okawa
大川隆法

まえがき

宗教家として知られている私の、もう一つの面は、まぎれもなく「知的生活者」である。大学生になった頃からこの道をもう四十年も歩んできた。講演や出版事業、教育事業、政治運動、様々な組織運営もやってきたが、ある意味で、私の一筋の知的生活者としての副産物でもあったといえる。

自分の頭脳を過信せず、本多静六博士のように「努力即幸福」だと思って勤勉に働いてきた結果が、数多くの知的生産物と各方面への影響力として残った。

学恩のある方は多いが、若い頃、渡部昇一・現上智大名誉教授の『知的生活の方法』『続・知的生活の方法』『発想法』などを読んだ効果は、長く私の人生に影響を与えた。その出版元とは、その後、波風も立つこともあったが、私が「愛知者《あいちしゃ》」であることを理解されていたら、あるいは、避けられたものだったかもしれない。

本書は「比較幸福学」を研究しているうちに、ほとんどの人が「知的生活者」であったことに気づいて書かれたものである。結局、私が魅《ひ》かれた「幸福」とは「精神的なもの」だったのだろう。

二〇一四年　九月四日

幸福《こうふく》の科学《かがく》グループ創始者兼総裁《そうししゃけんそうさい》

幸福《こうふく》の科学大学創立者《かがくだいがくそうりつしゃ》　大川隆法《おおかわりゅうほう》

「比較幸福学」入門　目次

『比較幸福学』入門
――知的生活という名の幸福――

二〇一四年九月二日
東京都・幸福の科学総合本部にて

「比較幸福学」入門

――知的生活という名の幸福――

二〇一四年九月二日　説法《せっぽう》

東京都・幸福の科学総合本部にて

1　幸福学を探究する

「知的生活者」たちが求めた「精神的幸福」

この夏は、何かと仕事が入り、ありがたいことに、私は休みなく働くことができ、本当に幸福な一夏《ひとなつ》を過ごさせていただきました。

ようやく秋風が吹く時節になりましたので、そろそろ幸福論も、一段階目の幕引《まくひ》きはしなければいけないかと思っています。そういう意味で、今日は「比較幸福学入門」ということで、これまでいろいろと幸福論を説いてきましたが、ややや分散していますので、全体的に「まとめ」が要《い》るかと考えています。

研究としては、いろいろな幸福論について掘り下げていき、関係をいろいろと探っていく学問的努力は要るだろうと思いますが、私のほうは、主として「概論」や「入門」など、全体的なことを述べるところまでの仕事が中心かと思います。あとは、幸福の科学大学で実際に教えていく方々が、日ごろの勉強の成果を発揮していってくだされればありがたいと思っています。

私たちは「幸福学」も探究していますが、「幸福学」と「成功学」は、幸福の科学の教えのなかでも、よく出てくる考え方です。この二つの言葉が交錯《こうさく》しており、「違いがよく分からない」という人もいるだろうと思います。

もちろん、重なるところも多くありますが、「幸福論」を説いている人を歴史的に振り返ってみると、宗教家の幸福論を別にすれば、一般的には、幸福論を説いている人は「知的生活者」が多いのです。「知的生活者として生きている人が、書いた物のなかで幸福論を説いている」ことが多いように思われます。「成功学」を説いている方は基本的に、「本人がこの世的にも事業的に成功し、財産もつくり、ある程度、社会的地位や名誉も築《きず》いて、それを自伝的に公開するなり、そのノウハウを人に伝える」というかたちでの成功学が多いと思います。あるいは、第三者がそれを書いている場合もありますが、そういうかたちだと思います。

そうしたことから言うと、幸福論を書いている人たちは、必ずしもそうしたこの世的な意味での指標を満たしているとは限らない人たちではありますが、何らかの知的生活者であり、「精神的な幸福」を中心に求めていた人が多かったのではないかと思います。

名前が遺《のこ》ってはいるかもしれませんが、生きていたときに、その名前が必ずしも経済的成功や地位に結びついていたとは言えない方が多いのではないでしょうか。彼らの名誉も、死後に来たものも多く、必ずしも生きているときに受けていたものではないと思います。

学問的「幸福学」の嚆矢《こうし》はアリストテレス

近・現代の「三大幸福論」としては、カール・ヒルティの『幸福論』、アランの『幸福論』、バートランド・ラッセルの『幸福論』の三つが、有名な幸福論としてあります。これらは、幸福学研究のなかでは避けて通れないところであると思います。ただ、それほど新しいものばかりではなく、古典に当たるものもありますので、そうしたもののなかからも探し出していき、比較しながら勉強を進めていくことが大事ではないかと考えています。

学問的に言えば、元《もと》はアリストテレスから、幸福学概論にあたる話をしています。もちろん彼は、ソクラテスの弟子であるプラトンの弟子です。アリストテレスは学問的著述として書いていますが、ソクラテス自身の言葉として、「人間とは幸福を求めるものだ」という趣旨《しゅし》の言葉が出されているという説も強くあります。

ソクラテスの人生が「幸福を求めた人生」であったかどうかについては、多少、疑問の余地がないわけではありませんが、ソクラテスは「人間は幸福を求めるものだ」という考え方を持っていたと言われています。しかし、彼個人が書いたものは何もありませんので、「弟子のプラトンが書いた言行録《げんこうろく》」というかたちの対話篇になっています。

ただ、この二人は年齢が四十歳から四十二歳ぐらい違っていたと思われるので、はたして、七十歳ぐらいのソクラテスの言葉を、三十歳前後ぐらいのプラトンが、その場で聞いて、全部をテープレコーダーのように記憶して書けたのかどうかについては、若干、疑問がないわけではありません。他の人が聞いたことや、本人から聞いたことなど、いろいろなものが入っていたり、時間が経つうちに自分のなかで、「ソクラテスから吸収したもの」として書かれたりしたものはあるかもしれません。

そして、プラトンの弟子のアリストテレスが、『ニコマコス倫理学』という本を書いており、このなかで幸福について述べています。

私も、確か大学一年生の夏休みに、『ニコマコス倫理学』を厚い文庫本で買って帰って読んだ覚えはありますが、あまり、はっきり分かった記憶はありません。と言いますか、面白くなかったのかもしれません（笑）。当時は、何を書いてあるのか、それほどはっきり分かるようなものではありませんでした。

若いうちに哲学をやりすぎると「不幸」を招くことがある

哲学というものは一般的に、若い人があまりやると、空回《からまわ》りしてしまって時間の無駄になることも多いのです。

辛辣《しんらつ》な方々のなかには、「あまり若いうちに哲学をやりすぎないほうがいい」という説を唱える人もいます。「若いうちは実学というか、実際に使われる『実用の学』のほうの勉強を中心にする。そして、多少の人生経験を積んで人生模様を勉強し、いろいろな考えができてきた頃に哲学を勉強すると、『ああ、そういうことなのか』と思うものがあり、ほかの人の考え方や賢い人の考えを反芻《はんすう》して勉強しているうちに、自分の考えが、もう一段練《ね》り上がり、立派な人格をつくるのに役に立つのではないか」という意見もあります。そういう意味で、「四十歳以前に哲学を勉強しても、あまり早いうちにやると不幸になることが多い」という説もあります。

現実に、哲学者が不幸になったケースもありますが、その「不幸」という言葉は、どちらかというと、「貧しい」という言葉と、ほとんどイコールでつながる場合もあります。「食べていけない」という言葉で言うと、もっとプラグマティック（現実的）になってきます。「哲学では食べていけない」、つまり、「弟子が来ない」ということです。「教わりたい人が、あまりいない」という意味で、厳しい人生が待っています。そうした厳しさのなかで、ますます哲学が磨《みが》かれるということにもなるわけです。

私は、若いうちから哲学を勉強してもいいとは思いますが、「完全に分かるとは思わないほうがいい」と言っておきたいと思います。

ある程度、勉強を長く続けた方が、そのなかから考えを搾《しぼ》り出して結晶化していく場合もありますが、また、その後、人生経験のなかから体験して体得してくるものがあり、そこから「智慧《ちえ》」として生み出されてくるものもあるでしょう。一定の年齢にならないと分からないこともありますし、その哲学を書いた人の年齢を超えて、多少は人生経験が豊富になった人から見ると、少し物足りなく見えることもあるのです。

「三大幸福論」が書かれた年齢は一致している

先ほど述べた、カール・ヒルティ、アラン、バートランド・ラッセルなどが『幸福論』を書いた年代が、だいたい五十八歳前後であり、ちょうど、今の私の年齢なのです。「このあたりの年齢で、彼らは幸福論を書いたのだな」ということを考えています。

ただ、今の人の年齢は、昔よりも若いということはあります。「今の六十歳は昔の四十歳ぐらい」とも言われていますので、今の私が「昔の四十歳」ぐらいにあたるのであれば、「幸福論」を書くのは、まだ少し早いのかもしれません。

彼らはそういう年代で書いたわけであり、〝最終報告〟とは思っていなかったかもしれませんが、仕事の面では、ある程度、自分の〝全行程《ぜんこうてい》〟が見えてきていた時期であったと思います。まだ衰《おとろ》え切ってはいないけれども、仕事としては、だいたい自分がどういう人間であるかが見えてきた段階で、報告も兼ねて書いたのではないかと思います。

同じぐらいの年齢になり、私も今、「幸福論」や「幸福学」に手を出そうとしているところですが、現代では人生が少し長くなっていますので、その平均年齢が私にも適用されるのかどうかは知りません。昔の人であれば、人生を五十年と言ったり六十年と言ったりしていました。五十年と言われた時期も長く、六十年と言われた時期も多かったのですが、最近、人生が少し延びていますので、あるいは、八十歳や九十歳の人から見れば、「私のこの年代では、まだ少し早すぎる」と言われる場合もあるかもしれません。

そういう方々から、「若干《じゃっかん》、生ぬるい」、あるいは「未熟である」というご批判があるかもしれないことも、ある程度は承知しなくてはいけないかと思います。

西田幾多郎《にしだきたろう》『善の研究』の年齢的限界とは

先般、西田幾多郎の『善の研究』について語りました（注。二〇一四年八月十九日に「西田幾多郎の『善の研究』と幸福の科学の基本教学『幸福の原理』を対比する」を収録した）。あの『善の研究』という本は、西田が金沢の第四高等学校の教授をやっていたころの講義の草稿を中心にできています。

天才・西田幾多郎といえども、三十代後半ぐらいの思想なので、それから二十歳ぐらい過ぎた私から見ると、やはり、「西田、若いなあ。残念ながら、ここまでぐらいしか、まだ来ていないか」と思う面があります。しかし、学生時代に読んだ時は、それなりに難しいものがあった感じがするので、知識の量や経験も影響する面はあるかと思います。

先日、『西田幾多郎の「善の研究」と幸福の科学の基本教学「幸福の原理」を対比する』（幸福の科学出版刊）という本も出しました。その本を読んだ感想としては、「『太陽の法』（大川隆法著・幸福の科学出版刊）に西田幾多郎のことが書いてあるから、総裁と同じように二十歳ごろに西田幾多郎の本を買って読んだけれど、さっぱり分からなかった。けれども、あの本を読んで初めて、西田幾多郎はこんなことが言いたかったのかということが分かった」という声も二人ほどから聞きました。「ああ、そうか。少しは効果があったか」と思い、ほっとした部分もあります。そうしたものだと思います。

二十歳ぐらいで分からないものを読んで格闘することも、知的訓練にはなります。しかし、あまり長く格闘し過ぎて、それ以外に学ぶべき実学を軽く見て勉強しないと、「実社会に出て使える技術や専門知識が何もないので、世の中を生き渡っていくことができない」ということになり、貧乏になって、〝貧困を嘆《なげ》く哲学〟が出来上がるということがありますので、気をつけなければいけません。

2 「知的生活」と「幸福」について

「知的生活」というライフスタイルを提唱した渡部昇一《わたなべしょういち》氏

今日は、いろいろな幸福論をまとめて考えるにあたり、「知的生活」の面から見てみたいと思います。

これに関しては、ちょうど私が大学に入って学生生活を送っていた頃に、渡部昇一さんの『知的生活の方法』という本が新書版で出て（一九七六年初版）、正・続編とありますが、百万部かそれ以上、非常によく売れたということで話題になりました。百万部というのは一定の威力はあったと思います。そこで、

「知的生活者」について、いろいろと書かれていました。

ちょうど、日本も高度成長の半《なか》ばぐらいの時期で、いろいろな公害問題も克服し、だいたい終わってきた時期に発刊されました。一九六〇年代、七〇年代は、公害問題で「これで世も終わり」のような言い方が、ずいぶんされていました。「二十世紀がノストラダムスの予言的に終わる」というような雰囲気もあったなかから、いつの間にか公害問題をスーッと乗り越え、石油ショックも乗り越えて、八〇年代にはまだ高度成長が続き、あと十年ぐらい、バブルといわれる時代に突入していき、九〇年代からはバブルが崩壊して、あまり発展しない時代に入っていきます。そういう時期に出た本でした。

国民が、ある程度、戦後の荒廃《こうはい》から立ち直って豊かになってきて、「何をすべきなのか」という時期に、「知的生活という生き方がある。読書を中心とした、精神性を高める生活のなかに、次なる高度な人間生活がある」ということを提唱した本であると言えるでしょう。その意味で、一つのライフスタイルの提案でもあったと思います。

「知性には二種類ある」という説

ちょうど当時は、戦後の進学競争が激しくなっていたころでもあります。いわゆる「偏差値競争」も出て来はじめ、「学校の序列がいろいろあり、学歴が人生の烙印《らくいん》か入《い》れ墨《ずみ》か何かのように打ち込まれ、一生ついて回る」というような感じで考えられている時期でした。そのなかで、同書は「知性には二種類ある」というようなことを提案していたと思います。

『知的生活の方法』ではなく、同じく渡部昇一さんの、そのあとに出た『クオリティ・ライフの発想』という本に、「ダチョウの足」と「ワシの羽《はね》」とがあるということを書いています。

ダチョウは地上をものすごい速度で、ジープと駆《か》けっこができるぐらいの速い走り方をします。「地べたに足が着いた走り方」をするということで、「ダチョウの足」とは現実的な処理能力を伴う知性のことでしょう。

それから、大空を悠々《ゆうゆう》と飛んでいるワシのように、鳥瞰《ちょうかん》・俯瞰《ふかん》するかたちで全体を見るような、高度な面を持つ知性もある。こちらを「ワシの羽」といい、「知性にも二種類あるのではないか」という言い方をされていました。

「学歴の高い者は、この世的な現実処理的な知能が高くて賢い」と思われていることに対し、「そういう学歴エリートではないけれども、賢い人が別途いる。例えば、昭和天皇の知恵のようなものもそうだろうし、イギリスで言えばエリザベス女王の知恵などもそうだ。そういう、この世の競争に打ち勝って賢いと認められる方とは違う、一段高いところから見た知恵がある」というような言い方でした。

これについては、もちろん反論はありました。いわゆる、高度成長期の〝金の卵〟であった高学歴人材たちからの反撃は、そうとうありましたが、実は、この対立軸だけでは簡単に収まらないものだったかもしれません。やはり、本人の天分《てんぶん》の部分もかなりあったという気はします。

渡部昇一さんの活躍によって、上智大学も偏差値が上がっていきました。早稲田大学に肉薄するぐらいまで偏差値は上がったと思います。しかし、彼ほどの実績を上げた卒業生はあまりいません。他には、国連の大使にもなった猪口《いのぐち》邦子《くにこ》さんや、総理を何カ月か務めた細川護熙《もりひろ》さんなどもいますが、「人材を輩出している」とは、まだ言えないレベルではないでしょうか。やはり、かなり個人的なクオリティの問題はあったのではないかと思われます。

知的生活に伴う幸福について

この、渡部昇一さんが提示した「知的生活の方法」は、当時、学者を目指している人や知的生活を目指していた人たちにとっては、一つの啓示《けいじ》のようなものでもありました。学校エリートや塾教育を受けたりして、競争に疲れたり敗れたりした人、あるいは自分にレッテルを貼り、「もうこれまで」と思っていたような人たちに、「まだ、新たなライフスタイルがある」ということを提示したと思います。

ある意味での、生涯学習への切り替え点でもあったのかと感じます。週休二日が始まりつつあった時期でもあり、「会社以外の時間で、いったい何を成し遂げるか」ということを考える時期にあったのではないかと思います。

渡部昇一さんは、「知的生活が実は幸福なのだ」とは言っていませんが、結局は、「知的なライフスタイルを守って生きることが、ある種の幸福を伴《ともな》う」ということを言っていたのではないかと思います。私もその流れのなかに入ったものではありますが、確かに、彼が言っていることには嘘《うそ》はなかったと考えています。

こうした知的生活には、長い長い伝統があります。西洋的文脈で言えば、ソクラテス以降、ずっとあるわけです。ソクラテスも「愛知者」、知を愛する者であったし、プラトンもアリストテレスもそうでしょう。その他のギリシャの哲学者、ローマの哲学者、あるいは中世の修道院の修行者《しゅぎょうしゃ》等もそうでしょうし、近代のいろいろな学者たちにも、そういう人はいたと思います。「そうした知的伝統がある」ということを教えたという意味です。

知的努力の「短距離走」と「長距離戦」

ニーチェの思想も、よく批判されますが、不思議なことに、ニーチェが言っていることで、ある意味で正しいと思ったことがあります。「歴史のなかには、山の峰《みね》のように出っ張っているところがある。この峰の上に立っている者だけが、ほかの山の高さが分かる」というような言葉です。これは、「自分は天才だから、天才だけが天才を分かるのだ。あとの人には分からない」ということです。一般には嫌われる言い方かもしれませんが、ある意味では当たっています。「知的生活者として、ある程度、道を極《きわ》めた者には、他の者のレベルが分かるところがあるが、極めていない者には分からない」ということです。

「学校での秀才で止まっていたのでは、知的生活者として極めたレベルまではいかない」ということは分かります。これは、たぶん年齢的なものもあるのだと思います。十八歳や二十歳すぎぐらいまででは分からないものがあります。そこは基礎訓練の部分であり、それから先が、まだあるわけです。

実際、大学を卒業してからあと勉強をほとんどしない人は、たくさんいます。たまに小説や週刊誌を読む程度で終わっている方は多いし、新聞しか読まない方やテレビしか見ない方もいます。読書を中心とした知的生活を築いた人と、そうでない人は、確かに、大学卒業後、あるいは社会人になってからの十年、二十年の間に、次第しだいに差が開いてくるのは当たり前のことでしょう。私にも、〝凡才〟としての苦しみもあったので、「まだまだその先があるということであれば、知的努力を重ねていけば、ある程度の高みまで上がれるのではないか」という希望を、かすかに抱かせてくれた考え方であったように思います。

簡単な例で言えば、例えば、同じ時間で一冊、十冊と決まった冊数の本のマスター度をテストされるとしたら、〝短距離走〟としての頭のよし悪しは、やはり出るでしょう。一週間で試験を五つ受けなければいけないということであれば、勉強の量が決まっているので、一週間で到達できるかどうかというところに、頭のよし悪しが、ある程度出るでしょう。要領のよさもあるし、勉強の仕方についてのハウツーもあるでしょう。

しかし、そういうことを抜きにして、「人生を貫くライフスタイルとして知的生活を築き上げていく」という〝長距離戦《せん》〟で人生を歩んでいくと、「制限時間つきの短距離競争であれば勝ったり負けたりするものでも、亀《かめ》が歩くように長い道のりを歩いていくならば、あるいは、山道を一歩一歩上がるように歩いていくならば、思わず知らず遠いところまで行くことができ、だんだん高いところに上がっていける」という考え方もあります。

私は、「そういう考え方は、ひとつ受け入れてもいいのではないか」と思い、自分なりに、学校の勉強は学校の勉強として、やりました。

知的生活の「継続」が大きな差を生む

もう一つは、それとの「複線型」で、〝長距離ランナー〟として自分の知的自己実現を目指していく部分について路線を引きました。そうした路線を引いて、やり続けているうちに、だんだん確かな違いが出てき始めました。

最初の違いは、三十歳のころには、すでに、はっきり出てきつつあったと思います。その後、本をたくさん出し始めたあたりから、また差が出てきました。著作物で考え方を発表し、外に出すことによって、今度は〝吸引《きゅういん》〟というか、「自分のなかに材料を入れなければいけない」ということが起きます。

出せば、入ってくるものがあるのです。ちょうど、プールの水の入れ替えのようなものであり、プールのなかの水をホースで外に出せば、ホースに、その分また入ってきます。そのように、「自分の考えを外に問うことをすると、そのあと、また次のものを勉強しなければいけなくなり、そうした知的活動が継続化していく」ということが起きました。

そうしたことをやっているうちに、だんだん、いろいろな「目」が出来てきて、視点も高くなりました。ある意味で、「ワシの目」ではありませんが、〝地面を歩いている人〟には見えないものが見えるようになった面も、確かにあったと思います。

学校で勉強した知力を、書類仕事の判断業務や作成業務で消耗《しょうもう》してしまい、アフターファイブは、お付き合いだけで残りのエネルギーを全部消化してしまう人と、そうした知的な積み重ねをしている人では、だんだん差が開いてくることは、現実にあるということです。

当会の職員として〝出家《しゅっけ》〟してくる方を見ても、たいていは二、三百冊か五、六百冊か、その程度の本を読んで学生時代を終わり、職員として入ってくる方が多いのです。「知的生活者」として長く活動していけば、その数はもっと多くなり、やはり、見る目も違ってくるし、レベルも違ってくるところがあると思います。

昔、語ったことがありますが、私も最初は、本を千冊ぐらい読んだ頃に、違うレベルに〝ワープ〟したような感じがありました。千冊ぐらい読むと、教養の基礎がかなり固まってき始めて、ほかの学生仲間と比べても、何となく違いが出てきたような感じがありました。

三千冊ぐらい読んだ頃には、何らかの意味でのプロフェッショナルになれる感じが出てきたように思います。その後も延々《えんえん》と、数だけは非常に多く勉強をしてきました。そういう意味で、渡部昇一さんのアドバイスには、いいものがあったと思います。

3 「自助努力」と「富」の関係について

知的生活には「経済的基盤」が大事である

また、渡部さん本人は、自分の仕事を事業化する気はなかったでしょうから、ほんの付け足しだったのでしょうが、「知的生活をするには、経済的な自立が非常に大事である」ということは述べていたと思います。

ここのところは、私も非常に影響を受け、「経済的基礎を固めないと、知的生活は続けられないのだ」、ということを強く感じるものがありました。たいていの哲学者たちは、貧困のなかで、なかなか自己実現できないことも多いわけです。「知的な基盤をつくるためには、やはり経済的基盤が要る。空《から》の袋は立たない」ということを胆《きも》に銘《めい》じ、一見、迂回《うかい》するようにも見えましたが、経済的基盤をつくることについて実学的な訓練もやりました。

今日、話したい比較幸福学として、「幸福論を説いている人は、だいたい知的活動をした方が多い」ということが言えると思います。ソクラテス、プラトン、アリストテレスといった方々の幸福論も、こういった知的生活を送り、知を愛した方々のものです。現代にも、そうした「知的生活のあり方」を説いた方があり、それを真似《まね》て、ある程度、「知的な自己実現」をした方が数多く出たのではないかと思います。

それは、かつての良き大学時代のライフスタイルだったと思います。

社会の富の総量を増やす「自助論の精神」

そうしたものが次第に行き詰まってきつつあるわけですけれども、同時に、渡部昇一さんが紹介したのは『自助論』的なものです。サミュエル・スマイルズの『西国立志編』的な自助論の大切さを説かれました。

イギリスが産業革命以降に発展した理由は、この『自助論』がよく読まれ、「どんな人でも努力すれば成功できるのだ」と考えられていた時代だったことです。日本が、戦後のイギリスのように衰退していかないためには、そうした自助論的なところを捨ててはいけないのです。

これは経営学でも通用することです。一般に言われていることですが、「一握りのエリートだけを育てればいい」という考え方を持った大企業は、傾いていったところが多いのです。一握りのエリートも大事ではありますが、平均ぐらいの人を、平均以上の仕事ができるようにし、平均以下の人を、平均ぐらいの仕事ができるところまで持ち上げることによって、全体のレベルが上がっていく面があります。

そういう意味で、「自助論の精神」は、国民の富の総量を上げるためには非常に大事な考えなのです。「一部の、頭のいい人だけを選び、その人たちに頑張ってもらえばいい。あとの人は何も考えなくていい、頭のいい人に勉強してもらって指示を出してもらい、その指示だけに従ってやればいい」という考え方もありますが、「富の総量を増やす」「社会を豊かにする」という考え方から見れば、そうした自助論型の考えは、やはり捨ててはいけない面なのです。

「神様が選んだ人が、富を創ってくれればいいのだ。財閥《ざいばつ》をつくれるような人は少数しかいない。三井、鴻池《こうのいけ》、岩崎などの、名前のある財閥の偉い方が出て、財閥をつくればそれでいい」という考え方もあろうかとは思います。

しかし、そこまではいかないにしても、各個人が、自分に似合う知識を身に付け、経験を通してそれを磨き、技術や技を身に付けていくことによって、「平均以下の人が平均に、平均の人が平均以上に、平均以上の人が、極めてエクセレント（優秀）な人物になっていく」ことはできます。

また、もともとすごく優秀な方の場合は、それで傲《おご》ることなく、その後も精進を続けていけば、超優秀な方が天才的な活動をすることもできるようになります。

このへんが、大事な分かれ目であったと思います。

社会主義的平等に勝《まさ》る「知的生活の伝統」

高度成長期の日本は、同時に「入《い》り口《ぐち》社会」でもあり、どこの大学に「入《はい》ったか」、あるいは卒業後、どこの会社や役所に「入ったか」、あるいは資格試験で何を取ったかという「入り口」で、だいたい皆、仕分けされていきました。

そのあとも努力を続けていけば別に構わないのですが、「入り口に入りさえすれば、あとはエスカレーター式に昇進していける」という時代がありました。

高度成長期はそれでもよかったわけです。むしろ、そのようにして「和《わ》」を乱さなければよく、エスカレーター式に上がっていける時代があったと思います。

しかし、これでは先ほど述べたように、「あらゆる人にレベルアップを求めて国富を豊かにしていく」という考え方が、だんだん、「一握りのエリートだけが世の中を動かせる」という考え方になりやすい傾向が出るのです。

イギリスでは、二大政党の保守党と労働党が交替で政治を担《にな》いました。労働党は労働者の味方ですから、労働党の時代には国有企業化が進み、民間の活力が失われるということが、保守党の時代と交互に起き、「イギリス病」が流行《はや》ったわけです。そうした社会主義的な傾向が、やはり出てくるのです。

社会主義的な傾向は、「労働者を平等にしよう」とするのはいいのですが、彼らを平等にするべく「監督する人たち」が出てくるわけです。共産党エリートや官僚層と言われる一部のエリート層が出てきて、「その人たちの命令だけで皆、動いていけ」というかたちになりやすいのです。

軍隊的な組織は非常に機動的な面もありますが、軍隊的な組織ではない、商業的な面を持った、「資本を有効利用して繁栄を求める社会」においては、一部の人の知恵だけで全部が動いていくのは、あまり望ましいことではないし、富の総量は増えません。

やはり、「各人が知恵を磨き、自助努力し、汗を流して、会社を大きくし、国富を増やしていく」ような国家を維持しなければならないわけです。

そういう意味で、全面ではなく、半面ぐらいであろうけれども、そうした知的生活の伝統を忘れないように継承したことは、非常に大きなことであったと思います。

そうした伝統は、実は、明治維新によって西洋からの学問が入って、急に起きたわけではありません。江戸時代にも漢学の伝統がちゃんとあり、漢学を勉強して本場の中国の人も顔負けの漢詩が書けるような人も、たくさんいました。

例えば朱子学の研究などは、徳川時代は本場の中国以上に日本のほうが進んでおり、こちらのほうのレベルが上だったということも、渡部昇一さんは言っています。「そうした知的伝統は、守られ、育《はぐく》まれなければ続かないものだということを、知っていなければいけない」ということです。

まだ生きておられる方ですので、非常に言いにくいことではありますが、ある意味での「渡部昇一学」的なものも、あっても良いかと思っています。この人の研究したことや考えたことの周辺を掘っていくことにより、そうした「知の伝統」ないし「知的生活の伝統」がいろいろ出てくるので、幸福の科学大学としても得るものは非常に大きいのではないかと思います。

4　比較幸福学①――ストア学派と快楽主義

「内面の自由」を説いたエピクテトス

渡部昇一さんが紹介されているものの一つに、ローマ時代の、禁欲主義を意味する「ストイック」という言葉のもとになった「ストア学派」があり、そのなかのエピクテトス●という方が出てきます。奴隷《どれい》として売り買いされた人で、主人に仕《つか》えなければいけない身分であり、自由人ではなかったのですが、このエピクテトスが哲学者になっているわけです。

奴隷という身分からは逃げられないので、外部環境は自由になりません。明

●エピクテトス　(50頃－135頃)古代ギリシャのストア派の哲学者。

らかに、「主人がいて、使われている」というところから逃げることはできません。けれども、面白いことに、奴隷でありながら家庭教師ができるほどの知恵、知識、経験があり、哲学者として認められることになるわけです。

エピクテトスは奴隷なので、暴力を振るわれることもあり、脚《あし》の骨が折れたこともあって、不具《ふぐ》になります。それを、ごく客観的に、「ああ、今、棒が振るわれて自分の脚に当たった。骨が砕《くだ》ける音がした。脚が折れた。私は主人によって脚を折られ、不具になった」と分析、観察しています。

そして、「彼がそうしようとして、そうしたことは、客観的にはその通りである。主人であるから、奴隷をどう扱おうと自由なので構わない。それは彼の自由だ」と言うのです。骨が折れる音がして、受けたケガで脚が不自由になり、当然、痛みもあるでしょう。けれどもエピクテトスは、「そうした体になった自分が、それをどう思い、どのように生きていくかは、これは自分自身の問題なのだ。自分の内面の自由は、誰も侵《おか》すことはできないのだ。外面の自由は侵すことはでき、縛られることもあるが、内面の自由は侵すことができないのだ」ということを言っています。そうした「外部環境に依存《いぞん》しない自由」というものが存在するということを、このエピクテトスは説いているのです。

これは、確か『人生談義』という本だったと思います。これは、もう手に入りにくい本かもしれません。秘書が、公立図書館の本をコピーして製本してくれたものを読んだ覚えがあります。幸福の科学出版から復刻版を出さなければいけないような種類のものかもしれません。

このエピクテトスの考えは、実に面白い考えです。「外部環境については、全部を変えることはできない。自分の思うようにはならないものも、必ずある。

しかし、『自分がどう思うか』という内面は、百パーセント、自分の自由になる」ということを、彼は言っています。

これは意外に、哲学の本質を突《つ》いた部分があるのです。生まれによって、地位が違ったり、経済格差があったりしますし、生まれる国を選べないなど、いろいろな面もありますが、「そのなかでどう生きるか」ということは各人の内心の自由であり、やはり、奪えないところがあるわけです。

なお、渡部昇一さんは、ウェイン・W・ダイアーの思想がエピクテトスに似ていることを指摘していることも参考にすべきでしょう。

「心の統御《とうぎょ》」に幸福を求めたソクラテスとマルクス・アウレリウス

あの哲学者のソクラテスでも、兵士として従軍《じゅうぐん》しているのです。実際上は役に立つわけもなく、体外離脱して一昼夜、二十四時間、突っ立っていたという話もあります。

これは、もうほとんど案山子《かかし》です。よく戦場でそれで大丈夫だったものだと不思議なぐらいで、すでに〝死んでいる〟と思われたのかもしれません。ソクラテスを兵士として使っても、ほぼ意味がなく、彼の考え方から見ても、軍師・参謀的な力があるとも思えないタイプの方ですが、そうした「内心の自由」を求め、どのような環境においても、そこに幸福を見いだすことができる方でした。

これについては、例えば最近であれば、アメリカの黒人奴隷の問題もあると思います。黒人奴隷として、外部的な自由を奪われた人間の辛《つら》さはあったでしょうが、そのなかでも、やはり、「心の自由度」には差があったであろうと思うのです。

外部の敵や圧迫と戦うということは、長い歴史のなかで、ずっとなされてきたことですし、実際上、大事なことです。哲学者とは違うタイプの方がやらなければならない「戦い」かもしれません。政治的な戦いや経済的な戦い、軍事的な戦い、その他、いろいろなものがあったでしょうが、「いかなる外部環境のなかで生まれても、そのなかから芽を出してくる力」というものは、哲学の根本にかかわるものなのではないかと思います。

エピクテトスや、『自省録《じせい》』を書き、ローマの皇帝でもあったマルクス・アウレリウスなども、だいたい似たような、「自分の内心をいかに統御《とうぎょ》するか」「心の統御」ということを一生懸命に考えていた方です。

こちらのほうは本が遺っており、今もまだ売っていると思います。ローマの皇帝として、遠征して戦《いくさ》もしながら、帷幕《いばく》のなか、宿舎のなかで、夜毎《よごと》に哲学を考えて書いていた哲人皇帝がいたというのは、一つの驚異的なことではあります。

そうした哲学の伝統が、あったということです。こういう人たちは皆、外面的な成功のようなものだけに幸福を求めているわけではありません。ローマの皇帝であれば、戦で勝つことは幸福なことではありますが、主たる関心事は「戦で勝つこと」ではなく、「自分の心の内のコントロール」に、人生の勝利の

●マルクス・アウレリウス・アントニヌス　(121－180)第16代ローマ皇帝。

鍵を求めていた方がいたわけです。

「快楽のなかにこそ、幸福がある」と説いたエピクロス

エピクテトスに対比されるべきものとして、エピクロスという方がいます。同じような名前ですが、「エピキュリアン」という言葉の元《もと》になった、いわゆる「快楽説」を説きました。

私は、「この方がマルクスに生まれ変わったのではないか」という説を立てています。「人生、この世限り」と思えば、「人生は快楽でなければいけない。快楽的な人生が最高であり、快楽の人生ということであれば、物質的なものを求めるべきである。食べたり、酒を飲んだり、いい住居を持ったり、あるいは

●エピクロス　(341B.C. − 270B.C.) 古代ギリシャのヘレニズム期の哲学者。

異性を求めたりする快楽のなかにこそ、幸福がある」という考え方は、当然出てきます。

こうした、エピキュリアンの「快楽説」による幸福というものは、常に出てくるものです。現代においても、強く出てくると思います。

私が会社で仕事をしていたころ、今ではバブル期と言われている高度成長期においては、だいたいの人たちが持っている価値観、あるいはビジネスマンが持っていた価値観は、そうしたエピキュリアン的なものであったと思います。

商社マンなどというのは、夜の赤坂で酒を飲むなど、いろいろな遊びをやり、借金先行で生活している方ばかりでした。例外もいるでしょうから、「ばかり」と言ってはいけないでしょうが、私が知っていた人は皆、クレジット・カードを使って借金を先行させ、赤字に追われながら、その穴埋めをして生活していました。

会社を辞めたときに、自分で資本金をつくっていたのは私一人だけだったということで、私は蓄財していたことを少し責められました。蓄財は、二宮尊徳《にのみやそんとく》的な考え方からは、ほめられることだと思っていたのですが、「商社マンの風上にも置けない。日本経済を活性化すべく、いかにして消費に励む生き方をしなければならないか」ということを、いろいろなところから懇々《こんこん》と説教され、「何かがおかしいな」と思っていました。

私自身は、「資本主義の精神というのは、そういうものだったかな？　不要不急の金は使わずに貯《た》め、資本の蓄積をして、ここいちばんの勝負のときや、重要なものに使うなり、投資効果があるものにお金を使うというのが、資本主義のいちばんの急所の部分であるのに、日常の快楽に金を全部使い果たすというのは、少しおかしいのではないか」と思っていたのですが、周りの〝世論〟は、それとは全然違っていました。「金は、使い果たさなければいけない。使い果たせば、『足りない』ということで予算の増額や給料の増額が起きるのであって、お金が余っているなら給料を上げる必要がなく、むしろカットできることになる。会社は、そう動くのだ」というようなことを言われました。

私がアメリカに行っていた当時は、ドル円相場が一ドル三百円に近かったので、お金が、実質的に三倍ぐらいになっていました。

「儲《もう》かる」という言い方はよくないですが（笑）、普通に生活していれば、お金が貯まりました。生活実感としては、皆、「一ドル＝百円」で計算していたので、今と同じなのです。「一ドルが百円だと思って生活しろ」と言われていましたが、実際は、レートが違っていました。今の中国が儲かっているのと同じ原理ですが、為替《かわせ》が十分に調整されていなかったので、送金額としては、だいたい三倍ぐらいの収入があったのです。

ですから、「極貧《ごくひん》の生活」をしなくても、ノーマルに堅実な生活をしていれば、お金は自然に貯まることにはなっているわけですが、「それをすると、会社が海外送金の額をカットしてくるから、そういう人が出てきたら困るんだ。使い切れ」ということでした。「金を残すと、次に来る人たちは皆、給料を下げられる。それは社会悪だ」ということで、ずいぶん責められた覚えがあります。しゃべったのが、いけなかったのであって、内緒《ないしょ》でお金を貯めなければいけなかったのです（笑）。「遊ぶための金も、給料のなかに入っているのだ」ということだったらしく、私は怒られました。

そうした「エピキュリアン」が主流の時代でした。私は九〇年以降の会社生活は経験していないので分からないのですが、それ以降は若干、逆風だったのではないかと思われます。エピキュリアンたちは、だいぶ退治《たいじ》されたのではないかと思いますし、無駄な投資をしたり、無駄なお金を使ったり、借金先行型でやっていた人たちは、そうとう締め上げられたり首を切られたはずなので、〝カルマの刈り取り〟は十年後には起きていたと思います。

時代を気にせず「わが道を行く」幸福の科学

当会は、世間が「バブル崩壊」と言っているときに機嫌《きげん》よく拡張していたので、マスコミから〝怒られ〟ました。「いつもずれていて申し訳ない」と思うのですが（笑）、皆が〝エピキュリアン〟になっているときに当会は〝ストイシズム〟をやっており、皆がストイシズムに入っているときに、当会は、エピキュリアンではありませんが、お金を使って拡張に入り、九〇年代に入って派手に広告を打ったりしていました。

九一年に、「フライデー事件」などというものも起きましたが、基本的には「哲学のぶつかり」だったのかもしれません。「世間は、バブル崩壊ということで、自粛《じしゅく》モードに入っているのだ。消費は冷え込んで、会社は潰《つぶ》れ、皆が金を貯めて、小さく、『清貧の思想』のほうへ行かないと生きていけない時代に入ったのに、お前のところだけ拡張に入って、何か広告を打ちまくって、おかしいのと違うか。本を刷《す》れば、『初版七十万部』などという全面広告を新聞に打ったりしている。狂っている」ということで、マスコミ的には「許せない。鉄《てっ》拳制裁《けんせいさい》を加えなければいけない」というのが、九一年に起きたことではないかと思います。

当会は世間と、だいたい逆になるのです。私は少し〝鈍《にぶ》く〟て、「これは何を怒っているんだろう」と、ちょっと分からなかったのですが、その後、週刊誌等が食べていけなくなり、ヘアヌードがたくさん出始めたあたりを見て、「本当に苦しいのだな」ということが、よく分かりました。当会も少し〝意地《いじ》悪《わる》〟なので、余計に「ヘアヌード反対運動」を起こしたりもしました。

今でも「週刊現代」や「週刊ポスト」などは、ヘアヌードや袋とじなどをたくさんやっています。あれをやり始めたら、もう苦しいということです。マスコミが危ないということが、よく分かります。今は、その度合いが分かるのですが、当時は分からなかったのです。

今は当会も、書籍にビニールをかけることがあります（会場笑）。すると、

「何かいい部分があるかと思って開けてみたら、何も出てこなかった。まともなことしか書いてなかった」と怒られたりしています。生半可《なまはんか》な〝真似〟をするのは、あまりよろしくないのだろうとは思いますが（笑）、年季を経た分だけ老獪《ろうかい》になっているところがあるのかもしれません。いろいろなことや、世間の実相《じっそう》が分かるようになってきたのかもしれません。

当会も火付け役の一つなので、あまり大きなことは言えませんが、今、各社の週刊誌や新聞が、かなり朝日新聞の攻撃をしており、「廃刊してしまえ運動」まで起きています。実際は、「食っていくためには、一社ぐらい潰れてもらわないと困る」ということなのではないかと思います。「一社ぐらい潰れてくれると、皆で狼《おおかみ》みたいに、その分け前をワッと分けられる」というところがあるのだろうと、私は見ています。

その意味で、理論は理論として批判するところはありますが、「慈悲《じひ》の心」は忘れていません。皆が、あまねく生きていけるように願っています。そのあたりが、幸福の科学の懐《ふところ》の豊かなところです。

皆が「潰れろ」と言って叩いているときに、朝日新聞に全面広告を出したりするような（会場笑）、非常に変わったことをするところがあります。「週刊文春」や「週刊新潮」の広告でさえ、朝日の悪口を書いたために拒否されたときに、幸福の科学の全面広告は載《の》ったりするような、非常にイレギュラーな動き方をします。九一年に起きたことが、また起きているのかもしれません。「幸福の科学のほうからは金（広告料）をもらって、うちのほうは拒否したな」と、「文春」や「新潮」から恨《うら》まれるのかなとも思いますが、そういうこともあります。

はっきり言えば、よそ様のことは全然気にしていないということです。「わが道を行っている」と言えば、それだけのことなのです。

そういうことで、「知的生活の伝統」はずっと続いており、この点からも幸福論というものを見直してみることが、大事なのではないかと思います。

古代のギリシャ・ローマの哲学のなかに、ストア哲学というものが出てきて、「禁欲的なななかにも、心の幸福を見出そう」という考え方が出ています。

中世のキリスト教会や、あるいは仏教系もそうでしょうが、宗教で貧しいところには、そうした、「禁欲主義的であるなかにも幸福を見出そう」とする動きはあったと思います。中世のキリスト教であれば、修道院の祈りの生活のなかに、「神様と相対峙《あいたいじ》して心の幸福を得よう」とする動きがありました。伝統的には、同じようなものが流れていると思います。

5　比較幸福学②――「三大幸福論」を比較する

ヒルティの説く「仕事論」と「時間の生み出し方」

先ほど述べた、「三大幸福論」のなかのカール・ヒルティ●は、「スイスの聖人」とも言われている方で、人間としても非常に立派な方であり、彼から勉強すべきことは多かったと思います。この方についても、渡部昇一さんも紹介されていました。ヒルティの『幸福論』は有名なものですが、現代人には少々退《たい》屈《くつ》な面もあるかもしれないので、要約版ぐらいでないと読みきれない方もいるかもしれません。

●カール・ヒルティ　(1833 − 1909) スイスの法学者、哲学者、政治家。ヒルティの『幸福論』は1891年に出版された。

ヒルティも、仕事をしながら本を執筆していたということです。軍務についたり裁判官をしたり、そうした実務もやりながら、空《あ》いた時間内に書いていた方です。

それもあってか、彼の幸福論は、まず初めに「仕事の仕方」から始まっています。幸福論が「心のあり方」だけでなく、「仕事の仕方」で始まっているというのは非常に珍しい出方ではありますが、これも、私が、ある種、人生の早いうちに知ってよかったと思ったことの一つでした。

ヒルティが書いているのは、「習慣的な努力によって、仕事をてきぱきと片付けていくことにより、いかに余分な時間をつくり出すか」ということです。「時間の生み出し方」を書いているわけです。

「基本的な生活力はつけなければいけないし、経済力は必要だし、そのための仕事はこなさなければいけない。その仕事をいかに習慣的に片付けていくかという方法論を確立し、習慣化することにより、かえって余暇《よか》が生まれ、その余暇をまた機械的に使いながら知的生活をする。本を読んだり書いたりするような生活を生み出していく」という、現代に通じる生き方です。「現代人が働きながら、同時にそうした余暇の部分をどう使い、どう知的自己実現ができるか」ということに関わるようなやり方です。

このあたりについて、ヒルティは機械的な働き方をしたことを書いています。「毎日毎日勤勉に、コツコツとやり続ける。それを習慣にすれば苦痛でなくなり、どんどん仕事もはかどり、かえって余暇が生まれ、そこからまた知的な時間帯をつくれて、書き物ができたりする」というようなことを彼は言っています。

渡部昇一さんは夏目漱石《なつめそうせき》についても、そういうことを少し紹介していたと思います。漱石のいちばん調子のいいころは、ほとんどの小説を、あっという間にというか一週間ぐらいで書き上げるようなことも多く、たいてい午前中に小説を書き、午後は漢詩をつくったりして遊んでいたというようなことを書いてあります。

幸田露伴《こうだろはん》も、だいたい規則正しい生活をして、きっちりとやっていたと書いてあります。「そうした規則正しい生活のなかに、実は、知的生産の時間をつくり出す方法がある」ということを教えていたと思うのです。

これは、現代的に、非常に役に立つ考え方の一つではないでしょうか。

「真の幸福は神の側近《そばちか》くにあること」と説いたヒルティ

ヒルティは、こうした仕事論から幸福論を書き始め、最終的には、やはり宗教的な方であるので、この『幸福論』の仕上げとして、「結局、幸福であるとはどういうことかというと、自分にとっては『幸福である』というのは『神の側近くにいる』ことだ」という、宗教的な結論に持ってきています。

「三大幸福論」のなかでは、ヒルティの『幸福論』がいちばん宗教的であり、ある意味での神々《こうごう》しさがあるかなという気がします。人間的にも高潔《こうけつ》な人格であるので、あまり打ち込む隙《すき》がない感じの方です。

あのヒルティが、「真の幸福は神の側近くにあること」という結論に至っているあたりを読んでいるときには、ヒルティの言葉でありながら、キリストの臨在《りんざい》を感じるものがあります。

イエスの時代にも、「天なる父、主なる父の隣《となり》に座るのは誰か」というような話が、よく会話として出てきます。「神の側《そば》に座るのは誰か」という問題です。

そのあたりと同じことを、「幼子《おさなご》の如くでなければ、天国に行って神の側近く座ることはできない」と、イエスも述べています。「大人として、実務もこなして生きながら、幼子のような純粋な心を持ち、高潔な人格を保っている」というのは、なかなか難しいことです。生きている間に世の中のお役に立ちながら、自分の自己実現もし、神に近づいていこうとする努力をしているということは、素晴らしいことではないかと思います。

「三大幸福論」のなかでは、やはりヒルティの『幸福論』がいちばん宗教的でもあり、たぶん霊的にも優《すぐ》れたものなのではないかと思っています。

「ものの見方を変えることで幸福になれる」と説いたアラン

それから、フランス人で役に立つことを書いた人というのはあまりいないのですけれども（笑）。こんなことを言うと少し偏見に当たりますが、たいてい〝地獄《じごく》への道〟を説く人が多いので困っています。アラン●は、フランス人としては比較的まともというか、モラリストではあります。

この人は高校の哲学の教師で、「アラン」というのもペンネームのようです。仕事をしながら書いたものでしょうから、本業の哲学者というより、合間に書

●アラン　(1868 – 1951) 本名エミール＝オーギュスト・シャルティエ。フランスの哲学者、評論家。アランの『幸福論』は 1925 年に出版された。

いていったものだったのでしょう。

アランの『幸福論』は、いろいろな警句を散りばめながら、注目すべきところは二点あると思います。

一点は、現代風というか、ありふれた言い方をすれば、「やはり物事は気の持ちようだ」という考えです。「気の持ちようで、世界は違って見えるのだ。客観的な何かがあって、幸福になったり不幸になったりするのではなく、それをどう見るか、どう感じるか、その考え方によって、世界は違って見えるのだ」という見方です。こういうものの見方、「観《かん》の転回《てんかい》」をすることによって、幸福を得るべきだということです。

これは、エピクテトスの考えに極めて近い考えですが、彼の場合は非常にウイットに富んだものの見方、フランス人的な洒落《しゃれ》た見方をするところがあるので、「ああ、そういう逆転の発想があるのかな」と思わされます。「発想を変えることによって、ものの見方を変えよう」という考え方です。

これは最近では、よく言われています。最近でもありませんが、小渕《おぶち》総理のときにもコップのたとえは使われたことがありました。小渕さんは、「コップに水が半分入っているけれど、これが『半分しかない』と思うか、『半分もある』と思うかで違う」というようなことを言っていました。オリジナリティーを出そうとしたのでしょうが、若干、聞きかじりのような議論でした。「総理が使うには、ちょっと、どうか」と思った面はありましたが、そういう似たような考え方はあるわけです。自分の置かれている環境を、どのように見るかということです。

幸福論の組み立て自体は、実際は、「外部環境の条件」と「内的な思いがどうであるか」との相関関係で決まるところがあると思います。ラッセルもそういう立場で書いています。「ものの見方を変えよ」ということです。

例えば、漁師《りょうし》たちが集まって、たき火を囲んで話しているときに、犬があくびをしたら、「これは、もう明日のために休みなさいということだ」と理解し、「散会してもう寝なさい」と受け取ることもできます。つまり、あくびを見て、「あくびが出るということは疲れているということだ」と判断し、「休みに入れと犬が言ってくれた」と思う考え方もあれば、一方で、「この犬、腹立つなあ」と思って頭をコツンとすることもできます。

考え方はいろいろあります。世の中を、ちょっとウイットに富んだ見方で捉え直すことで、よくなることがあるのです。

幸・不幸を招く「つまらない原因」を発見する――ピンの発見

アランの『幸福論』のなかで有名なものとしては、他の本にも書きましたが、アレクサンダー大王の、自分の影に怯《おび》えている馬の話もあります（『アランが語る幸福論』〈幸福の科学出版〉参照）。アレクサンダーが太陽のほうに馬の頭を向けることで影が見えなくなり、乗りこなしたという話です。これはよく使われているので、ご存じの方もいるでしょう。

アランはまた、「赤ちゃんが泣き止まないのは、遺伝のせいではなく、着ているものの安全ピンやボタンなど、尖《とが》ったものが体に当たって具合が悪いので、怒っていることもある」という言い方もしています。

アランの注目すべきところの二点目でもありますが、これは一つの見方であり、「人間の感情は、かなり体のコンディションに影響されるということを知れ」ということで、少し医学部・薬学部系の発想も入っているかもしれません。

会社勤めをしていても、上司の機嫌のいいときと悪いときを、皆、よく観察していると思います。意外なことで、すごくご機嫌が悪かったりすることもあるので、「その原因が何かを、フィジカル（肉体的）な面や、この世的な面で見つけることによって納得する」ということを彼は勧めているわけです。

「なぜ、部長は今日、怒っているのだろう」と思ったときに、その人の着ているものや顔色、あるいは、今置かれている状況などをいろいろ見て、「ああ、これが原因かな」と分かれば、納得がいって腹が立たないようになることはあるわけで、「そのあたりを見破れ」ということを彼は言っています。小さな

〝ピンの発見〟をするということです。

例えば、「血圧が高いからイライラしている」ということもあり、「お腹《なか》が空《す》いているためにイライラしている」というようなことも、あるかもしれません。「睡眠不足のためにイライラしている」ということもあります。

私の高校一年生のときの担任は生物の先生でしたが、ときどき、すごくキイキイ、ヒステリーみたいになって怒ることがありました。それは、たいていの場合、朝、家を出がけに奥さんとケンカした日であることを、そのうち突き止めました。「ギリギリの時刻に家を出ようとしているのに、奥さんが革靴を磨いてくれていなかった」ということでケンカして出てきていたりしました。最悪に腹が立ったときは、下駄《げた》を履《は》いて出てきたこともあり、ものすごく機嫌が悪いのです。

そのあたりは、だんだん理由が分かってくると、皆、備えができて、「今日は機嫌が悪いぞ。気をつけろ」という感じでやっていました。つまらないことですが、そういうことは、あるわけです。

そのあたりを知らないで、単なる「絶対的な幸福と不幸」という観点で物事を見ると、バカを見てしまうわけです。人間は、〝つまらない原因〟で非常に感情の起伏《きふく》が出るものなので、やはり、そういうことを見て知らなければいけません。

例えば、「課長の機嫌が悪い理由は、先週受けた人間ドックの結果が返ってきて、その数値を見てからだ」ということを知っていれば、こちらは心の準備ができています。知らないと、「何で今日は、あんなにカリカリしているのだろうか」と思うことがあるわけです。

課長が、健康診断の結果、少し糖尿病の気《け》がある数値が出てカリカリし、「何とかしなければいけない」と思っている時に、部下が会社の自動販売機でコーヒーを買い、「砂糖増量にしておこうか」と大きな声を出して言ってボタンを押していたら、課長は「こいつは、もう本当に俺《おれ》に反抗心を持っているのか。当てつけで言っているのではないか」と思い、どこかでその部下を叱《しか》りたくなります。

人生には、そんな簡単な理由で、人間の機嫌が変わったり、幸・不幸が出たりすることがあり、アランは、そうした人情の機微《きび》を鋭く見抜きました。

「現実的な理由」を知ることで物事を軽減できる場合もある

特に、精神的に生きる人はフィジカルな原因を無視しがちであり、「どのような環境でも強くないといけない」というような考えを持つものです。

しかし、実際は簡単なこの世的な理由で、そうなる場合もあるのです。それを知ってしまえば、あまり長く悩んだり深刻に悩んだりすることはバカバカしいことであるので、「それを軽く受け流して生きていく、人生の〝遊泳術《ゆうえいじゅつ》〟を身につけたほうがいい」ということを、アランは無責任な高校教師の立場で書いています。

しかし、これで結構救われる面があります。このような考え方で見ていると、意外に、「あの人が今日、機嫌が悪いのは、なぜか」というようなことが分かります。

私に対しても、「総裁も、この夏はほぼ毎日説法しているので、そうとう機嫌が悪いはずだ。どこかで八つ当たりがくるはずだけど、いつ、誰に向かってくるだろうか」などと予想をつけてもよいわけです（笑）。まあ、皆さん、「いずれ毎日説法するのは終わる時が来るであろう」と見ていると思います。

このように、他の人のことを無視して自分の心のなかのことだけを考えてもいいのですが、より現実的な原因が何かその人にあれば、それは何かを知ることによって、悟ることによって、それが〝緩衝材《かんしょう》〟となり、「受け流す」というやり方もあるのです。

アランの『幸福論』のなかには、そうしたヒントのようなものが満載されているので、折々に読むと勉強になることはあります。体系的なものではありませんが、先ほど述べたようなエピクテトス的な考え方から見れば、もう少し智慧はあるかもしれません。エピクテトスのように、「自分は奴隷の身であり、主人が自分に害を加えるのは向こうの勝手だから、どうしようもない」という言い方もありますが、これもアラン的に見れば、主人の機嫌が悪くても、自分の脚の骨を折りたくなる理由は、何か他にある場合がわけです。そのへんに気がつけば、多少、被害を小さくする手があったかもしれません。

アランのこのような見方は、面白いと思います。

家庭の不調和の原因として、夫婦のどちらかが不機嫌になったりすることがありますが、たいてい、片方が相手側の理由に気がついていないことが多いのです。それが、直接、肉体的なものから来る理由である場合や、あるいは子供の関係で来る場合もあります。

例えば、「父親は仕事が忙しくて知らないけれど、妻が子供のことで学校で注意を受けた」ということがあります。成績が悪かったとか、父兄会でいろいろ言われたとか、いろいろなことがあり、そうしたことが妻のイライラの原因となっていることを、夫は知らずにいます。夫は家族のために一生懸命働き、疲れて帰ったのに、実は妻は学校の父兄会で、「おたくの子は、また窓ガラスを二枚割りました」などと言われて怒られ、皆の前で恥をかかされたことを夫に言おうとしているけれど、なかなか言い出せずにいたりします。このように、それぞれの感情がぶつかり、当たりが悪いと、バーンと爆発することもあります。

そうした意味で、人生は、少しのこと、ささやかなことの食い違いでいろいろなことが起きることが多いのです。それらの全部を解決したり見通したりすることはできませんが、その理由を知ることで、物事を軽減することができることはあります。それについては、アラン的な注意を持つことも、一つの方法かと思います。

大著『西洋哲学史』の著者バートランド・ラッセルの思い出

他には、「三大幸福論」のなかの一つを書いたバートランド・ラッセル●がいます。この方は哲学者兼、数学者です。

この人には、「ラッセルの西洋哲学史」と呼ばれる『西洋哲学史』という著書があり、日本語では二段組みの文字で三巻あります。英語だと、ものすごく

●バートランド・ラッセル　(1872 − 1970) イギリスの哲学者、論理学者、数学者。ラッセルの『幸福論』は1930年に出版された。

厚いもので、私はこれに手を出したのです。周りの人が手を出したので私も手を出したのですが、読むのが非常に難儀《なんぎ》でした。

たまたま、高校の同級生でほかの大学へ行っている人が、「東大では、どんな英語の本を読んでいるのか」と、手紙で訊《たず》ねてきました。私も、その時点において一時期、性格が悪かったため（笑）、たまにはからかってみたくなり、「いや、バートランド・ラッセルの哲学史、あれは実によかった」と言って、それを送ってやったのです。彼はギャフンと言っていました。

それを夏休み前に送ってやったのですが、彼は一夏《ひとなつ》が潰れて、さぞかし不愉快な二学期を迎えたことだろうと思います（会場笑）。「はあっ！　東大ではバートランド・ラッセルの哲学史を読むのかあ」と思ったでしょうが、そんなものを誰も読めるわけはありません（会場笑）。日本語で翻訳が出ているので、皆だいたい、そちらを読むことは分かっています。さらに、新書版などの簡約版を読んだりします。英語版は、試験があるなら読まざるを得ませんが、試験がないなら、普通、最後まで読んだりはしないものです。

しかし、私は一応英語版を買った以上、読んでいないという罪悪感がずっと詰まっていました。この罪悪感をどこで晴らすかという問題があり、人にそれを押しつけたわけです。「この程度は読まないと、東大には入れないんだよ。分かる？」というような感じです。向こうは参っただろうと思います。

徳島大学の同級生よ、許してくれたまえ（会場笑）。何十年か前の〝罪〟を今、告白いたします。その本は、別に東大生も読んでいません。読むのに時間がかかりすぎてバカバカしいので、そんなものには付き合わないのです。それを読んだら、ほかのことは何もできなくなるはずです。ものすごく厚い本ですので。ラッセルを馬鹿にするわけではありませんが、時間の無駄である部分もかなりあるので、注意しなければいけません。

ラッセルの「道徳的なバランスの良さ」と「唯物論的な限界」

ラッセルの『幸福論』は、一般的には「非常に常識的な観点から説かれている」と言われており、ある程度バランスは取れています。

仕事についても、「熱意を持って仕事をやれたら幸福である。しかし、熱意を持っていない人もいる。熱意を持っていない人はどうしたらいいか」。これに対して、彼は「諦《あきら》めよ」と言っています。「諦めるか、あるいは怠《なま》ける。適度に怠けることも、また幸福だ」と言うのですが、実にバランスが取れ過ぎているので、プラスとマイナスの両方を見ている感じです。「熱意を持ってやれる人は、やったほうがいいけれど、熱意を持てない人は、適当に手を抜いて怠けなさい。そんなものだ。人間、何もかもできるものではない」というようなことも言っています。

この人はそうした、ある意味で道徳的なところ、モラリストとしての面は説いています。道徳的な生き方をすることの大切さはキチッと説いており、利己主義を批判していますが、信仰心のところまでは届いていません。その意味では、先ほど述べたヒルティに比べると、やはり少し物足りない面はあります。

どちらかと言えば、数学をやった哲学者は、たいていの場合、無神論・唯物論的な傾向を持っていることが多いのです。

ラッセルも、道徳的には立派なことをずいぶん言っており、平和運動などでも、ずいぶん活躍はしたのですが、「神や仏など、そうしたものに近づいていこう」というものは感じられないところがあります。その限度に対する見切りはしなければいけません。深入りし過ぎた場合は、時間の無駄になることがあるのではないかと思います。

6　比較幸福学③——その他の著名な幸福論

ショーペンハウエルの「厭世《えんせい》主義的幸福論」

これ以外にも、有名な幸福論としては、ショーペンハウエル●の『幸福論』もあります。『幸福について』と訳されていますが、元々は、もう少し箴言《しんげん》集のようなものです。ショーペンハウエルの全体の哲学から見ると、比較的まともなほうであると言えると思います。

ショーペンハウエルの哲学は「厭世《えんせい》哲学」と言われるように、かなり悲観的なものです。その悲観的な哲学を、仏教的に〝粉飾《ふんしょく》〟している面がそうとうあ

●アルトゥール・ショーペンハウエル　(1788 – 1860)ドイツの哲学者。主著『意志と表象としての世界』。

ります。「仏教から来たニヒリズムである」というように粉飾している面があるので、ちょっと騙《だま》されやすいのです。彼は仏教の勉強をし、仏教から影響を受けていることは事実なのですが、やや投げやりな面はいろいろと見られます。

ただ、『幸福論』に関しては、彼にしては比較的まともな部分が多いと思います。いろいろな箴言や警句を引用しながら書いているので、意外に役に立つ面も少し入っており、一読ぐらいの価値はあると思います。

翻訳はいくつかありますが、翻訳によっては何を書いているか分からないものもあります。分かりやすく訳している人もあり、何を言っているか分からないように訳している人もいるので、翻訳には気をつけたほうがいいと思います。

ショーペンハウエルは、「厭世主義者の幸福論」を書いています。「仏教的な影響を受け、ある意味での諦《あきら》めの哲学が背景に入った幸福論」と考えてもよいかと思います。彼にしては、いい部分が比較的あり、彼のほかの哲学を延々と読み続けるのであれば、これ一冊で諦めたほうが人生は短縮できると思われます。

老境のヘッセに見る「老荘《ろうそう》思想的幸福論」

他には、例えば、ヘルマン・ヘッセ●の『幸福論』もあります。

この方は小説家なので、哲学者とは少し違った面があると思いますが、ヒルティなどと一緒で、高齢まで活躍し、意外に比較的幸福な人生を生きた方ですので、それなりに、境地的には澄んだ部分はあるかと思います。

小説は、いろいろ出ているので、読んだ方もいると思います。『車輪の下』

●ヘルマン・ヘッセ　(1877 － 1962) ドイツの作家、詩人。1946 年にノーベル文学賞を受賞。

『青春は美《うる》わし』『シッダールタ』『知と愛』など、いくつかあり、青春時代に読まれた方もいらっしゃるでしょう。好き嫌いはあるでしょうが、ドイツ系文学としては、まあまあの方だと思いますし、ノーベル賞ももらった方だったと記憶しています。

晩年の物も割に良く、『庭仕事の愉《たの》しみ』から始まり、山小屋での生活などを書いたものにも、そこそこ澄んだものがあり、老境としては羨《うらや》ましい感じのするものがあります。どちらかと言えば、老荘思想的なものを強く感じます。

本人も、日本語版の本の序に、「自分自身は、古代インドのウパニシャッドや、釈迦の思想の影響を受けている」というようなことを書いています。どちらかと言うと老荘的なものを強く感じますが、彼の晩年については、私も何となく憧《あこが》れるものはあります。

夏目漱石の写真で、テラスのようなところで、浴衣《ゆかた》のような服装でくつろいで一服している、たぶん午後のひとときを写《うつ》したものがあります。あのような感じで、ヘルマン・ヘッセが晩年、ある程度の仕事を達成したあとで、たまにエッセイを書くぐらいの悠々自適《ゆうゆうじてき》の生活をしている姿や、麦わら帽子をかぶって庭仕事をしたりしている姿の写真があり、書いた文章もありますが、「いい感じで年を取っているな」と思います。ヒルティ同様、晩年まで高い心境を維持し、召されるように去っていった方というのは、うらやましい面がある気はします。

先ほど触れたヒルティも、満七十六歳、数えの七十七歳ぐらいで亡くなっています。スイスの湖のほとりを毎日散歩するのが〝仕事〟だったようです。散歩から帰って来て、娘さんがよく付き添っていたようですけども、「今日は少し疲れたから休む」と言って、ちょっと横たわっているうちに、そのまま息を引き取ったと言われています。

実に、「ピンピンコロリ」をそのまま実現したような方で、さすがに『幸福論』を書くだけのことはあります。こういう生活は、してみたいものです。晩年まで知的生活を続け、いつものように朝の散歩をして帰って来て、「今日は疲れたから、少し休む」と言って寝て、そのまま、すっと亡くなっているのです。やはり、そのようにして最後までいくのがいいですね。

ヒルティやヘッセもそうですが、勝海舟《かつかいしゅう》も、最期《さいご》は彼らに近い年齢までいったと思います。海舟も、あれだけの動乱のなかを生き抜いて、最期はお風呂に入って出てきて、お手伝いさんに体を拭《ふ》いてもらうために廊下に出たときに気分が悪くなり、意識を失って、二日後に死んだと言われています。実に、苦しむこともなく、あの世へ行っています。人生の偉業をある程度成《な》し遂《と》げて、ピンピンコロリで逝《い》く方は、それなりに立派であると思います。

幸福論としては、だいたい、以上のようなものが見るべきものです。

知的生活者の理想像の一つとしてのカント

他には、カント●の生活にも、哲学者の系譜のなかでの、ある意味の幸福論はあるかと思います。

ヤハマンという方が、カントの生活を伝記風に書いているものがあります。

私もカントについては、その生活面も含めて学生時代に研究したことがあります。

●イマニエル・カント　(1724 − 1804) ドイツの哲学者。観念論哲学の祖。

カントは結婚しないで一生を送った方で、男の召使《めしつか》いと生活し、ケーニヒスベルクという町で一生を哲学者として終わるわけです。彼は、夏も冬も朝の五時に起きるということで、「早起きカント」として有名でした。

これは渡部昇一さんも書いている通り、召使いが朝の五時に彼を起こすのです。「五時に起こしたら小金《こがね》をくれるが、起こさなかったら、くれない」という約束をしているので、召使いは、主人が起きるのを嫌《いや》がるのを、五時十分前ぐらいから一生懸命、起こし始めます。起こさないと、あとで怒られ、その上、お駄賃《だちん》をもらえないのが分かっていますから、必死になって起こします。

ご主人のカントは不機嫌なまま起きて、朝食としては紅茶を二杯ぐらい飲み、あとはタバコを吹かす程度です。それから講義の準備に入ります。彼は自宅に講義室を持っていたようで――私も持っていますが――七時台に講義を始め、九時ぐらいには自由になり、残りの午前中は執筆をしたりします。

昼食は、ゆっくり、とっていました。友人、知人など、いろいろな人が尋ねて来るので、知的な階級の人たちと、昼食は、かなり長く、たっぷりとったようです。ワインが入ることもあり、これが、だいたい一日のメインの食事だったようです。

そして、きっかり四時ごろになったらステッキをついて散歩に出かけていくという毎日でした。これは世界史の参考書にまで書いてあったことですが、近所の人が皆、カント先生が散歩に出たら、それで時計を合わせていたというぐらい、有名な話です。

そのカント先生が散歩に出ない日があったので、「いったいどうしたんだろう」と周りが心配したことがありました。それは、ルソーの、エミールという名の子供を教育する内容の『エミール』という教育論の本が発刊され、それを読みふけって散歩に出られず、その日は、さぼったのだということです。そういう記録が残っていますが、たいていは間違うことなき機械のように動いていたらしいのです。

夕食は食べないことも多かったようですが、軽く終えるぐらいのもので、その後は十時半ぐらいまで勉強したり、執筆したり、読書をしたりして寝る。そして、また五時に起きるということを繰り返していたそうです。

カントは晩年になって、五十代後半から六十代あたりに、『純粋理性批判』や『実践理性批判』など、有名な批判シリーズの大著を出し始めました。そうした単純な知的生活を繰り返しながら、資料の蓄積効果、および、知的・学問的な蓄積効果により、晩年に大著が出続けるような生活を続けていったのです。

カントは個人的に見れば、独身で、家庭もなく、町から出たこともなく、ただ書物を読み、散歩をし、思索を練り、人と議論したり歓談したりはするけれども、それ以上の社交には行かず、あとは本を読んだり書いたりするだけの生活でしたが、知的生活者としては、理想像の一つではあるかと思います。書いた本が、後世にまで多くの影響を与えたという意味では、大きな力があったと思います。

7 幸福な知的生活のために

知性のバランスを保つため「社会との接点」を

ただ、もしカントが、もう少し実務的な仕事に就《つ》いていたり、あるいは家族があったりしたら、彼の哲学に、もう一段の「実用性」や「分かりやすさ」が出てきたのではないかと思います。

カントの哲学は「難しい」というので有名です。孤独に思索をし続けると、どんどん抽象性のレベルが上がっていくので、そうした思弁哲学は、どんどん難しいものになっていくのです。思索に思索を重ねていくと、そのようになっていきますし、その人の知性が耐えられないレベルの思索になった場合は、発狂するような人も出てきます。孤独のなかで、知性のバランスが崩れ、おかしなことを言いだす人が出てくるのです。

ニーチェも、梅毒《ばいどく》の影響もありましたが、少しそのような傾向は出ているようです。そうした思索の結果、行きすぎてしまうようなことは出てくるように思います。

「社会学の祖《そ》」と言われる、フランスのコント●という人がいます。コントも、哲学者をやっていたのですが、孤独な生活が長すぎて、最後は、だんだん哲学が神学に変わっていき、発展段階説的な神学を説きました。コントが天才であることは皆、認めてはいるけれど、天才が度を過ぎて勉強ばかりしているうちに、最後は何か少し、〝新興宗教の教祖風〟になっていきました。

●オーギュスト・コント　(1798 − 1857) フランスの社会学者、哲学者、数学者。

私がそういうことを言うのは少し問題があるかもしれないので（笑）、批判を控《ひか》えなければなりませんが、コントは実生活を伴わない抽象論のなかで、そうした思索をし過ぎて、一般的な、よろしくない意味において〝新興宗教の教祖風〟になり、最後は〝人類教〟のようなものをつくってしまい、周りから「変だ」と思われて最期を遂《と》げることになりました。

そういう意味で、そうした観念論や抽象的思索の世界に生きる人は、やはり、どこかで人との交際をするなり、「社会との接点」を持つなり、一見くだらないと思うかもしれないけれども、「雑学との接点」のようなものは大事にしなければいけないのではないかと思います。

新聞やニュースは必要だが「頭の負担」でもある

私も、純粋な思想を求めて、「この世的な雑事《ざつじ》には、できるだけ紛《まぎ》れたくない」という気持ちが一方ではある反面、片方では、極めてジャーナリスティックな目で現代社会や人々の日常生活を分析しています。新聞やニュースや雑誌記事等も、必要に応じて数多く見ていますし、日本のものだけでなく、海外のものまで目を通したりしています。

先ほど述べたような、思想の塊《かたまり》のような本をコツコツと読み抜いていくような作業にとっては、そういう雑然《ざつぜん》としたものを読むということは、非常に脳波が乱れるというか、頭が疲れるというか、集中を妨げるものではあります。

けれども、一日の生活のなかで、どのように時間帯を組み分け、使い分けるかを考え、それらを適当に組み込んでいくことで、そうした異常性を起こさないように生きていくことが大事なのではないかと思います。

朝から新聞を読んだら、『自分を鍛《きた》える』の著者のジョン・トッドなども書いているように、頭がくたびれ切ってしまい、もはや、仕事を始めるときには疲れ切っているという説もあり、実際、その通りなのです。

新聞休刊日の、あの清々《すがすが》しさは何とも言えません。新聞社の方には聞かせたくはないけれど、休刊日って嬉しいですね。「あっ、今日は新聞がない！　朝から新聞がない！　机の上にない！」というこの清々しさは、もう何とも言えません（笑）。「新聞を読まないと、朝から、とっても頭のいいスタートが切れる」というものです。

特に私などは、新聞は六紙と、ときどき釈《しゃく》さん（幸福実現党の釈量子《りょうこ》党首）が連載している記事があるので、それを読むためにプラスアルファで、もう一紙加わることもあります。英字新聞も三紙読んでおり、他にも週刊誌や月刊誌など、いろいろなものが時事問題をたくさん特集するので、必要に応じて読まなければいけないものも、たくさん出てくるわけです。

こういうものを朝から読み、ニュースも聴いて、一時間もやっていると、もうだいたい頭が結構、〝痛んで〟くると言うか、ヘッドギアを被《かぶ》ってボクシングのスパーリングを一時間ぐらい受けたあとのような状態で（笑）、「これから仕事にかかる」というような感じになるわけです。精神統一にとっては、極めて〝不利なスタート〟を始めることになります。

新聞休刊日というのは、本当に、頭には非常に良いものです。「いっそ、テレビも電波を止《と》めてくれたら、どれほど素晴らしい一日が来るだろう。一週間に一回か一月に一回ぐらい、そんな日があってもいいな」と思うのですが。なかなか電波のほうは止めてくれません。代わりがないわけでもないのですが。

昔、夏に軽井沢に行っていたころは、新聞がなかなか手に入らないので、普段たくさん読んでいる新聞が、すごく減るのです。あそこ（会場を指して）に座っている立木《ついき》さん（HS政経塾の立木秀学《しゅうがく》塾長）が、まだ雑用をしていた若かりし頃に、朝の四時ごろから車に乗って麓《ふもと》まで下りていき、新聞を買って上がってきて、本当に大変な労力でした。

新聞が一紙か、せいぜい二紙ぐらいしか手に入らないことが多く、ほかの新聞は読まなくて済み、一紙ぐらいだと簡単に読めてしまうので。頭の負担がすごく楽でした。おかげで難しい本が夏の間に読めて、書き物までできたりして、すごく幸福だったのですが、だんだん便利になってき始め、新聞が全部手に入るようになってきました。当時は、入らない電波がたくさんあったのに、機械がだんだん新式になってきて、いろいろな外国のニュースまで入るぐらいになり、だんだん下の世界と一緒になってき始めました。

そのため、隔離《かくり》効果がなくなってきました。私は夏の間だけ一カ月ぐらい、すごく〝頭がよく〟なっていたのですが、それが〝普通〟になってしまい、残念です。

〝結晶物〟を生み出し「知的自己実現」をなす喜びを

あまり世俗から離れる生活をし過ぎても、多少ボケてきたり、価値感覚や倫理感覚が少しずれてきたりして、判断ミスを犯すこともあります。多少、重荷ではありますが、一つには「世俗に触れる機会を持ち続ける」ことも、鉄下駄《てつげた》を履《は》いて走っているようなものではありますが、「精神に異常を来《きた》さない」という意味で必要なことであると思います。

特に霊能系の方などは、世事《せじ》に疎《うと》くなる傾向はもともとあり、山に籠《こ》もりたくなる傾向も、もともとあるものです。けれども実際に山に籠もってしまったら、情報系統がほとんど入ってこなくなりますので、霊人《れいじん》の声が聞こえてきたり、自分で考えていることが、だんだん世俗から遊離《ゆうり》してきたりして、全然違った思想や思いが出てくるようなこともあります。

ですから、一見、邪魔《じゃま》になるようなものではあるけれども、世俗的なことの動きを見ることも、「自分が、常識のラインや世俗から、あまりに離れ過ぎた物の考え方をしていないかどうか」を確認する意味では、大事ではないかと思います。

そのあたりの切り替えは、とても難しいところはありますが、「小聖《しょうせい》は山に隠れ、大聖《たいせい》は街に住む」と言う通り、大都会のなかにいて澄み切った湖のような心を持って生きることも非常に大事なことですので、そういう修行もしたほうがよいでしょう。

雑然とした情報がたくさんあるなかで、いかに澄み切った心を持って生きていくか。そして、知的な思索を重ねつつ、何らかの〝結晶物〟をつくり、知的生産物として世に問うたり、考え方で世の中に影響を与えたりするようなことができれば、それなりの自己実現として、喜びを持つべきではないかと思います。

今日は、幸福論を知的な側面から説きました。「比較幸福学入門」と題し、かすかではありますが、いろいろな幸福思想についても触れてきました。つけ加えるとすれば、『知的生活』を書いたハマトンにも「幸福論」はあるので、知的生活者の幸福論の流れとして勉強すると、さらに良いでしょう。

これ以外に、宗教にかかわる幸福論もいろいろあるとは思いますが、私が名前を挙げたものなどを参考にしつつ、いろいろな幸福学についての研究を進めてくだされば幸いです。

●ハマトン　(1834 － 1894) イギリスの思想家、批評家、美術評論家。

あとがき

現在、政治の世界は、韓国や中国との関係調整でギスギスしている。しかし、日本人が「知的生活という名の幸福」を忘れなければ、未来は確実に明るい。

最終的には、自由な言論が出せて、知的生活者が幸福を確保できる国を守り抜いたら、未来社会の先生役になるのは確実にその国になるからだ。

お隣りの中国では、習近平氏はおそらく「知的生活という名の幸福」はご存知なく、人民が毛沢東語録を振りかざしていた時代に戻りたいようだし、韓国も、李舜臣《りしゅんしん》が秀吉軍を撃ち破った映画が歴代一位の千六百万人以上の動員数を記録したり、甦《よみがえ》った安重根《あんじゅうこん》が日本の安倍首相を暗殺する本がベストセラーになったりと、「国策洗脳国家」であることは、中国や北朝鮮とそうかわらない。まだ言論の自由もなく、知的生活者もいないのだろう。

この『「比較幸福学」入門』は、別の形での個々人による「国家成長戦略」の一翼をになうだろう。日本の未来は、まだまだ明るい。こういう本が出続ける限りは。

二〇一四年　九月四日

幸福《こうふく》の科学《かがく》グループ創始者兼総裁《そうししゃけんそうさい》

幸福《こうふく》の科学大学創立者《かがくだいがくそうりつしゃ》　大川隆法《おおかわりゅうほう》

『「比較幸福学」入門』大川隆法著作関連書籍

『黄金の法』（幸福の科学出版刊。以下同）

『ソクラテスの幸福論』

『ヒルティの語る幸福論』

『アランの語る幸福論』

『西田幾多郎の「善の研究」と幸福の科学の基本教学「幸福の原理」を対比する』

「比較幸福学《ひかくこうふくがく》」入門《にゅうもん》
――知的生活という名の幸福――

2014年9月5日　初版第1刷

著　者　　大《おお》川《かわ》隆《りゅう》法《ほう》

発行所　　幸福の科学出版株式会社
〒107-0052 東京都港区赤坂2丁目10番14号
TEL(03)5573-7700
http://www.irhpress.co.jp/

印刷・製本　株式会社 東京研文社

落丁・乱丁本はおとりかえいたします

ISBN978-4-86395-548-6 C0030
写真：Opale／アフロ　Photo12　アフロ　AP／アフロ

大川隆法ベストセラーズ・幸福論シリーズ

北条政子の幸福論
—嫉妬・愛・女性の帝王学—

現代女性にとっての幸せのカタチとは何か。夫である頼朝を将軍に出世させ、自らも政治を取り仕切った北条政子が、成功を目指す女性の「幸福への道」を語る。

1,500円

孔子の幸福論

聖人君子の道を説いた孔子は、現代をどう見るのか。各年代別の幸福論から理想の政治、そして現代の国際潮流の行方まで、儒教思想の真髄が明かされる。

1,500円

ムハンマドの幸福論

西洋文明の価値観とは異なる「イスラム世界」の幸福とは何か？ イスラム教の開祖・ムハンマドが、その「信仰」から「国家観」「幸福論」までを語る。

1,500円

パウロの信仰論・伝道論・幸福論

キリスト教徒を迫害していたパウロは、なぜ大伝道の立役者となりえたのか。「ダマスコの回心」の真実、贖罪説の真意、信仰のあるべき姿を、パウロ自身が語る。

1,500円

幸福の科学出版

大川隆法シリーズ・**最新刊**

「幸福の科学教学」を学問的に分析する

今、時代が要請する「新しい世界宗教」のかたちとは? 1600冊を超えてさらに増え続ける「現在進行形」の教えの全体像を、開祖自らが説き明かす。

1,500円

外国語学習限界突破法

学習のモチベーションを維持するには?日本にいながら海外留学と同じ効果を得る方法とは?外国語学習の壁を破る考え方・学び方を伝授する!

1,500円

国際伝道を志す者たちへの外国語学習のヒント

国際伝道に求められる英語力、教養レベルとは? 200冊以上の英語テキストを発刊し、全世界100カ国以上に信者を持つ著者が語る「国際伝道師の条件」。

1,500円

※表示価格は本体価格(税別)です。

大川隆法シリーズ・最新刊

日本神道的幸福論

日本の精神性の源流を探る

日本神道は単なる民族宗教ではない!
日本人の底流に流れる「精神性の原点」を探究し、世界に誇るべき「大和の心」とは何かを説き明かす。

1,500 円

人間学の根本問題

「悟り」を比較分析する

肉体と魂の探究、さらには悟りまでを視野に入れて、初めて人間学は完成する!
世界宗教の開祖、キリストと仏陀から「人間の最高の生き方」を学ぶ。

1,500円

「経営成功学の原点」としての松下幸之助の発想

「商売」とは真剣勝負の連続である!
「ダム経営」「事業部制」「無借金経営」等、経営の神様・松下幸之助の経営哲学の要諦を説き明かす。

1,500円

財務的思考とは何か

経営参謀としての財務の実践論

資金繰り、投資と運用、外的要因からの危機回避……。企業の命運は「財務」が握っている! ドラッカーさえ知らなかった「経営の秘儀」が示される。

3,000円

幸福の科学出版

大川隆法シリーズ・最新刊

西田幾多郎の「善の研究」と幸福の科学の基本教学「幸福の原理」を対比する

既存の文献を研究するだけの学問は、もはや意味がない！ 独創的と言われる「西田哲学」を超える学問性を持った「大川隆法学」の原点がここに。

1,500円

仏教的幸福論 ―― 施論・戒論・生天論 ――

仏教は「幸福論」を説いていた！ 釈尊が説いた「次第説法」を分かりやすく解説。人生の苦しみを超えて、本当の幸福をつかむための方法が示される。

1,500円

宗教社会学概論

人生と死後の幸福学

なぜ民族紛争や宗教対立が生まれるのか？ 世界宗教や民族宗教の成り立ちから、教えの違い、そして、その奥にある「共通点」までを明らかにする。

1,500円

大川隆法シリーズ・**最新刊**

幸福の科学大学創立者の精神を学ぶI（概論）

宗教的精神に基づく学問とは何か

いま、教育界に必要な「戦後レジームからの脱却」とは何か。新文明の創造を目指す幸福の科学大学の「建学の精神」を、創立者みずからが語る。

1,500円

幸福の科学大学創立者の精神を学ぶII（概論）

普遍的真理への終わりなき探究

「知識量の増大」と「専門分化」が急速に進む現代の大学教育に必要なものとは何か。幸福の科学大学創立者が「新しき幸福学」の重要性を語る。

1,500円

幸福学概論

個人の幸福から企業・組織の幸福、そして国家と世界の幸福まで、1600冊を超える著書で説かれた縦横無尽な「幸福論」のエッセンスがこの一冊に！

1,500円

文部科学大臣・下村博文守護霊インタビュー②

大学設置・学校法人審議会の是非を問う

「学問の自由」に基づく新大学の新設を、"密室政治"によって止めることは許されるのか？文科大臣の守護霊に、あらためてその真意を問いただす。

1,400円

※表示価格は本体価格（税別）です。

大川隆法ベストセラーズ・幸福の科学「大学シリーズ」

宗教学から観た「幸福の科学」学・入門

立宗27年目の未来型宗教を分析する

幸福の科学とは、どんな宗教なのか。教義や活動の特徴とは？ 他の宗教との違いとは？ 総裁自らが、宗教学の見地から「幸福の科学」を分析する。

1,500円

仏教学から観た「幸福の科学」分析

東大名誉教授・中村元と仏教学者・渡辺照宏のパースペクティブ（視覚）から

仏教は「無霊魂説」ではない！ 仏教学の権威 中村元氏の死後14年目の衝撃の真実と、渡辺照宏氏の天上界からのメッセージを収録。

1,500円

幸福の科学の基本教義とは何か

真理と信仰をめぐる幸福論

進化し続ける幸福の科学――本当の幸福とは何か。永遠の真理とは？ 信仰とは何なのか？ 総裁自らが説き明かす未来型宗教を知るためのヒント。

1,500円

比較宗教学から観た「幸福の科学」学・入門

性のタブーと結婚・出家制度

同性婚、代理出産、クローンなど、人類の新しい課題への答えとは？ 未来志向の「正しさ」を求めて、比較宗教学の視点から、仏陀の真意を検証する。

1,500円

幸福の科学出版

Noblesse《ノーブレス》 Oblige《オブリージ》 「高貴なる義務」を果たす、「真のエリート」を目指せ。

幸福の科学学園

中学校・高等学校（那須本校）

Happy Science Academy Junior and Senior High School

「私は、
教育が人間を創ると
信じている一人である。
若い人たちに、
夢とロマンと、精進、
勇気の大切さを伝えたい。
この国を、全世界を、
ユートピアに変えていく力を
出してもらいたいのだ。」

（幸福の科学学園 創立記念碑より）

幸福の科学学園 創立者

大川隆法

幸福の科学学園（那須本校）は、幸福の科学の教育理念のもとにつくられた、男女共学、全寮制の中学校・高等学校です。自由闊達な校風のもと、「高度な知性」と「徳育」を融合させ、社会に貢献するリーダーの養成を目指しており、2014年4月には開校四周年を迎えました。

Noblesse《ノーブレス》 Oblige《オブリージ》

「高貴なる義務」を果たす、
「真のエリート」を目指せ。

2013年 春 開校

幸福の科学学園
関西中学校・高等学校

Happy Science Academy
Kansai Junior and Senior High School

私は日本に
真のエリート校を創り、
世界の模範としたい
という気概に満ちている。
『幸福の科学学園』は、
私の『希望』であり、
『宝』でもある。
世界を変えていく、
多才かつ多彩な人材が、
今後、数限りなく
輩出されていくことだろう。
（幸福の科学学園関西校 創立記念碑より）

幸福の科学学園 創立者
大川隆法

滋賀県大津市、美しい琵琶湖の西岸に建つ幸福の科学学園（関西校）は、男女共学、通学も入寮も可能な中学校・高等学校です。発展・繁栄を校風とし、宗教教育や企業家教育を通して、学力と企業家精神、徳力を備えた、未来の世界に責任を持つ「世界のリーダー」を輩出することを目指しています。

幸福の科学学園・教育の特色

「徳ある英才」の創造

教科「宗教」で真理を学び、行事や部活動、寮を含めた学校生活全体で実修して、ノーブレス・オブリージ(高貴なる義務)を果たす「徳ある英才」を育てていきます。

体育祭

天分を伸ばす「創造性教育」

教科「探究創造」で、偉人学習に力を入れると共に、日本文化や国際コミュニケーションなどの教養教育を施すことで、各自が自分の使命・理想像を発見できるよう導きます。さらに高大連携教育で、知識のみならず、知識の応用能力も磨き、企業家精神も養成します。芸術面にも力を入れます。

探究創造科発表会

一人ひとりの進度に合わせた「きめ細やかな進学指導」

熱意溢れる上質の授業をベースに、一人ひとりの強みと弱みを分析して対策を立てます。強みを伸ばす「特別講習」や、弱点を分かるところまでさかのぼって克服する「補講」や「個別指導」で、第一志望に合格する進学指導を実現します。

授業の様子

自立心と友情を育てる「寮制」

寮は、真なる自立を促し、信じ合える仲間をつくる場です。親元を離れ、団体生活を送ることで、縦・横の関係を学び、力強い自立心と友情、社会性を養います。

毎朝夕のお祈りの時間

幸福の科学学園の進学指導

1 英数先行型授業

受験に大切な英語と数学を特に重視。「わかる」(解法理解)まで教え、「できる」(解法応用)、「点がとれる」(スピード訓練)まで繰り返し演習しながら、高校三年間の内容を高校二年までにマスター。高校二年からの文理別科目も余裕で仕上げられる効率的学習設計です。

2 習熟度別授業

英語・数学は、中学一年から習熟度別クラス編成による授業を実施。生徒のレベルに応じてきめ細やかに指導します。各教科ごとに作成された学習計画と、合格までのロードマップに基づいて、大学受験に向けた学力強化を図ります。

3 基礎力強化の補講と個別指導

基礎レベルの強化が必要な生徒には、放課後や夕食後の時間に、英数中心の補講を実施。特に数学においては、授業の中で行われる確認テストで合格に満たない場合は、できるまで徹底した補講を行います。さらに、カフェテリアなどでの質疑対応の形で個別指導も行います。

4 特別講習

夏期・冬期の休業中には、中学一年から高校二年まで、特別講習を実施。中学生は国・数・英の三教科を中心に、高校一年からは五教科でそれぞれ実力別に分けた講座を開講し、実力養成を図ります。高校二年からは、春期講習会も実施し、大学受験に向けて、より強化します。

5 幸福の科学大学(仮称・設置認可申請中)への進学

二〇一五年四月開学予定の幸福の科学大学への進学を目指す生徒を対象に、推薦制度を設ける予定です。留学用英語や専門基礎の先取りなど、社会で役立つ学問の基礎を指導します。

授業の様子

詳しい内容、パンフレット、募集要項のお申し込みは下記まで。

幸福の科学学園 関西中学校・高等学校

〒520-0248
滋賀県大津市仰木の里東2-16-1
TEL.077-573-7774
FAX.077-573-7775
[公式サイト]
www.kansai.happy-science.ac.jp
[お問い合わせ]
info-kansai@happy-science.ac.jp

幸福の科学学園 中学校・高等学校

〒329-3434
栃木県那須郡那須町梁瀬 487-1
TEL.0287-75-7777
FAX.0287-75-7779
[公式サイト]
www.happy-science.ac.jp
[お問い合わせ]
info-js@happy-science.ac.jp

仏法真理塾

サクセスNo.1

未来の菩薩を育て、仏国土ユートピアを目指す！

仏法真理塾「サクセスNo.1」とは

宗教法人幸福の科学による信仰教育の機関です。信仰教育・徳育にウエイトを置きつつ、将来、社会人として活躍するための学力養成にも力を注いでいます。

サクセスNo.1 東京本校（戸越精舎内）

「サクセスNo.1」のねらいには、「仏法真理と子どもの教育面での成長とを一体化させる」ということが根本にあるのです。

大川隆法総裁　御法話「『サクセスNo.1』の精神」より

仏法真理塾「サクセスNo.1」の教育について

信仰教育が育む健全な心

御法話拝聴や祈願、経典の学習会などを通して、仏の子としての「正しい心」を学びます。

学業修行で学力を伸ばす

忍耐力や集中力、克己心を磨き、努力によって道を拓く喜びを体得します。

法友との交流で友情を築く

塾生同士の交流も活発です。お互いに信仰の価値観を共有するなかで、深い友情が育まれます。

●サクセスNo.1は全国に、本校・拠点・支部校を展開しています。

東京本校	TEL.03-5750-0747	FAX.03-5750-0737
名古屋本校	TEL.052-930-6389	FAX.052-930-6390
大阪本校	TEL.06-6271-7787	FAX.06-6271-7831
京滋本校	TEL.075-694-1777	FAX.075-661-8864
神戸本校	TEL.078-381-6227	FAX.078-381-6228
西東京本校	TEL.042-643-0722	FAX.042-643-0723
札幌本校	TEL.011-768-7734	FAX.011-768-7738
福岡本校	TEL.092-732-7200	FAX.092-732-7110
宇都宮本校	TEL.028-611-4780	FAX.028-611-4781
高松本校	TEL.087-811-2775	FAX.087-821-9177
沖縄本校	TEL.098-917-0472	FAX.098-917-0473
広島拠点	TEL.090-4913-7771	FAX.082-533-7733
岡山本校	TEL.086-207-2070	FAX.086-207-2033
北陸拠点	TEL.080-3460-3754	FAX.076-464-1341
大宮拠点	TEL.048-778-9047	FAX.048-778-9047

全国支部校のお問い合わせは、
サクセスNo.1 東京本校（TEL. 03-5750-0747）まで。

メール info@success.irh.jp

エンゼルプランV

信仰教育をベースに、知育や創造活動も行っています。

信仰に基づいて、幼児の心を豊かに育む情操教育を行っています。また、知育や創造活動を通して、ひとりひとりの子どもの個性を大切に伸ばします。お母さんたちの心の交流の場ともなっています。

TEL 03-5750-0757　FAX 03-5750-0767
メール angel-plan-v@kofuku-no-kagaku.or.jp

ネバー・マインド

不登校の子どもたちを支援するスクール。

「ネバー・マインド」とは、幸福の科学グループの不登校児支援スクールです。「信仰教育」と「学業支援」「体力増強」を柱に、合宿をはじめとするさまざまなプログラムで、再登校へのチャレンジと、進路先の受験対策指導、生活リズムの改善、心の通う仲間づくりを応援します。

TEL 03-5750-1741　FAX 03-5750-0734
メール nevermind@happy-science.org

ユー・アー・エンゼル!（あなたは天使!）運動

障害児の不安や悩みに取り組み、ご両親を励まし、勇気づける、障害児支援のボランティア運動です。学生や経験豊富なボランティアを中心に、全国各地で、障害児向けの信仰教育を行っています。保護者向けには、交流会や、医療者・特別支援教育者による勉強会、メール相談を行っています。

TEL 03-5750-1741　FAX 03-5750-0734
メール you-are-angel@happy-science.org

シニア・プラン21

生涯反省で人生を再生・新生し、希望に満ちた生涯現役人生を生きる仏法真理道場です。週1回、開催される研修には、年齢を問わず、多くの方が参加しています。現在、全国8カ所（東京、名古屋、大阪、福岡、新潟、仙台、札幌、千葉）で開校中です。

東京校 TEL 03-6384-0778　FAX 03-6384-0779
メール senior-plan@kofuku-no-kagaku.or.jp

入会のご案内

あなたも、幸福の科学に集い、ほんとうの幸福を見つけてみませんか？

幸福の科学では、大川隆法総裁が説く仏法真理をもとに、
「どうすれば幸福になれるのか、また、
他の人を幸福にできるのか」を学び、実践しています。

入会

大川隆法総裁の教えを信じ、学ぼうとする方なら、どなたでも入会できます。入会された方には、『入会版「正心法語」』が授与されます。（入会の奉納は1,000円目安です）

ネットでも**入会**
できます。詳しくは、
下記URLへ。
happy-science.jp/joinus

三帰《さんき》誓願《せいがん》

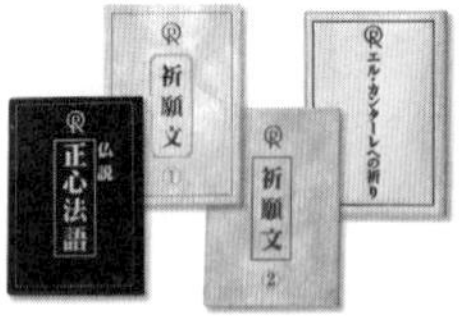

仏弟子としてさらに信仰を深めたい方は、仏・法・僧の三宝への帰依を誓う「三帰誓願式」を受けることができます。三帰誓願者には、『仏説・正心法語』『祈願文①』『祈願文②』『エル・カンターレへの祈り』が授与されます。

植福《しょくふく》の会

植福は、ユートピア建設のために、自分の富を差し出す尊い布施の行為です。布施の機会として、毎月1口1,000円からお申込みいただける、「植福の会」がございます。

「植福の会」に参加された方のうちご希望の方には、幸福の科学の小冊子（毎月1回）をお送りいたします。詳しくは、下記の電話番号までお問い合わせください。

月刊
「幸福の科学」

ザ・伝道

ヤング・ブッダ

ヘルメス・
エンゼルズ

INFORMATION	**幸福の科学サービスセンター** **TEL. 03-5793-1727**（受付時間 火～金：10～20時／土・日：10～18時） 宗教法人 幸福の科学 公式サイト **happy-science.jp**